NOVENA DE SANTA EDVIGES

Frei Danillo Marques da Silva

NOVENA DE SANTA EDVIGES

Petrópolis

© 2023, Editora Vozes Ltda.
Rua Frei Luís, 100
25689-900 Petrópolis, RJ
www.vozes.com.br
Brasil

4ª edição, 2013.
1ª reimpressão, 2025.

Todos os direitos reservados. Nenhuma parte desta obra poderá ser reproduzida ou transmitida por qualquer forma e/ou quaisquer meios (eletrônico ou mecânico, incluindo fotocópia e gravação) ou arquivada em qualquer sistema ou banco de dados sem permissão escrita da editora.

CONSELHO EDITORIAL	**PRODUÇÃO EDITORIAL**
Diretor	Anna Catharina Miranda
Volney J. Berkenbrock	Eric Parrot
	Jailson Scota
Editores	Marcelo Telles
Aline dos Santos Carneiro	Mirela de Oliveira
Edrian Josué Pasini	Natália França
Marilac Loraine Oleniki	Priscilla A.F. Alves
Welder Lancieri Marchini	Rafael de Oliveira
	Samuel Rezende
Conselheiros	Verônica M. Guedes
Elói Dionísio Piva	
Francisco Morás	
Teobaldo Heidemann	
Thiago Alexandre Hayakawa	

Secretário executivo
Leonardo A.R.T. dos Santos

Editoração e org. literária: Ivone Teixeira
Capa: Monique Rodrigues

ISBN 978-85-326-2519-9

Este livro foi composto e impresso pela Editora Vozes Ltda.

NOVENA DE SANTA EDVIGES
(1174-1243)

Filha de Bertoldo, conde de Andechs, nasceu nesta localidade, em 1174. Nesta novena em sua honra, além de pedir a Deus, por sua intercessão, as graças que desejamos, vamos também refletir um pouco sobre as suas virtudes, a fim de podermos imitá-la, ao menos um pouco, em nossa vida. A devoção aos santos implica, sem dúvida, a imitação de suas virtudes, para que possamos melhorar as nossas atitudes, tanto diante de Deus quanto diante dos homens. E Santa Edviges é um modelo acabado de todas as virtudes, tanto assim que foi elevada à glória dos altares.

Embora vivendo entre as pompas de um ducado, não se deixou enredar nas vaidades do mundo, mas levava uma vida muito comedida e mortificada, sempre na presença de Deus e ocupada com os pobres e necessitados de seu tempo, sem todavia descuidar dos deveres de mãe e esposa.

Casou-se muito jovem, com apenas doze anos de idade, com o igualmente jovem Henrique I, que tinha apenas dezoito anos, e era duque da Polônia e Silésia. Tiveram seis filhos, sendo que apenas uma – Gertrudes – sobreviveu à mãe, tornando-se abadessa cisterciense do mosteiro de Trebnitz, a três milhas de Breslan, na Silésia. Este mosteiro tinha sido construído com o dote de casamento da sua mãe.

Quando Edviges tinha apenas vinte anos e seu esposo vinte e seis, por sugestão da santa, fizeram ambos o voto de castidade perpétua, nas mãos do Bispo. Depois deste voto, o marido nunca mais usou objetos de ouro, prata ou púrpura, nem fez mais a barba, sendo cognominado Henrique o Barbudo. Este fato extraordinário do voto de castidade perpétua por amor a Deus não é o único entre os santos casados da Igreja, e é um estímulo para a nossa época tão erotizada e desregrada em matéria de amor.

Vamos rezar, durante estes nove dias, os Hinos às Santas Mulheres, tirados da Liturgia das Horas, e refletir cada dia sobre uma das grandes virtudes da santa, rezando a oração de pedido da graça desejada, e terminando com um Pai-Nosso, uma Ave-Maria e um Glória ao Pai.

Primeiro dia

Em nome do Pai e do Filho e do Espírito Santo. Amém.

Vinde, ó Deus, em meu auxílio.
Senhor, socorrei-me sem demora.
Glória ao Pai e ao Filho e ao Espírito Santo.
Como era no princípio, agora e sempre. Amém.

HINO

Louvor à mulher forte,
firme de coração.
Em glória e santidade
refulge o seu clarão.

Calcando aos pés o mundo
das coisas transitórias,
por santo amor ferida
caminha para a glória.

Glória e poder a Deus Pai,
do qual o mundo provém,
a vós, ó Cristo, e ao Espírito,
agora e sempre. Amém.

A VIRTUDE DA FÉ

A fé é a virtude teologal pela qual cremos em Deus e em tudo o que nos disse e revelou, e que a Santa Igreja nos propõe para crer, porque Ele é a própria verdade. Pela fé o homem livremente se entrega todo a Deus. Por isso, o fiel procura conhecer e fazer a vontade de Deus (*Catecismo da Igreja Católica*, § 1814).

Santa Edviges exerceu e proclamou esta virtude da maneira mais perfeita possível, principalmente nos momentos mais difíceis da vida.

Aceitou submissa o casamento com Henrique, reconhecendo na vontade dos pais a vontade de Deus. Sobretudo praticou heroicamente a virtude da fé quando perdeu os entes mais queridos, os cinco filhos e o marido. Nessas ocasiões, em que era a mais afetada pela dor, era ela quem confortava os demais parentes, dizendo: "Quereis vos opor à vontade de Deus? Nossas vidas lhe pertencem. A nossa vontade é tudo quanto lhe agrada, seja a nossa morte ou a dos nossos entes queridos." E isto dizia com a maior convicção da fé, embora com o coração partido de dor. Aprendamos também nós a aceitar das mãos de Deus tanto as coisas agradáveis da vida como as dolorosas, em espírito de verdadeira fé.

ORAÇÃO

Nós vos pedimos, ó Deus onipotente, que a intercessão de Santa Edviges nos obtenha a graça de imitar o que nela admiramos, pois a humildade de sua vida serve de exemplo para todos, e concedei-nos também, por sua intercessão, a graça especial que vos pedimos (mencionar a graça). Por Nosso Senhor Jesus Cristo, vosso Filho, na unidade do Espírito Santo. Amém. (Rezar um Pai-Nosso, uma Ave-Maria e um Glória ao Pai.)

Segundo dia

Em nome do Pai e do Filho e do Espírito Santo. Amém.
Vinde, ó Deus, em meu auxílio.
Senhor, socorrei-me sem demora.
Glória ao Pai e ao Filho e ao Espírito Santo.
Como era no princípio, agora e sempre. Amém.

HINO
Domina por jejuns
da carne a rebeldia.
O pão da prece nutre
sua alma de alegria.

Só vós fazeis prodígios,
ó Cristo, Rei dos fortes.
A prece de Edviges
na luta nos conforte.

Jesus, a vós a glória!
A nós guiai também,
com vossa humilde serva,
à vida eterna. Amém.

A ESPERANÇA

A esperança é a virtude teologal pela qual desejamos, como nossa felicidade, o Reino dos Céus e a Vida Eterna, pondo nossa confiança nas promessas de Cristo e apoiando-nos não em nossas forças, mas no socorro da graça do Espírito Santo. A virtude da esperança responde à aspiração de felicidade colocada por Deus no coração de todo homem; assume as esperanças que inspiram as atividades dos homens; purifica-as, para ordená-las ao Reino dos Céus; protege contra o desânimo; dá alento em todo esmorecimento; dilata o coração na expectativa da bem-aventurança eterna. O impulso da esperança preserva do egoísmo e conduz à felicidade da caridade (*Catecismo da Igreja Católica*, § 1817-1818).

Quem lê a biografia de Santa Edviges pode sentir, em cada página, os efeitos da virtude da esperança na sua vida diária. Tudo o que fazia tinha em mira a felicidade eterna seja para si mesma, seja para aqueles com quem convivia diariamente ou exercia as obras de misericórdia corporais ou espirituais. Era uma mulher de oração constante desde a juventude, e em suas meditações costumava refletir longamente sobre as realidades eternas, desejosa de participar das alegrias do céu com todos os anjos e santos, na esperança de que todos os seus familiares, amigos e protegidos, também alcançassem a mesma felicidade celeste.

Aprendamos com Santa Edviges a esquecer um pouco as coisas da terra para pensar naquilo que nos espera na eternidade feliz junto de Deus e, assim, pouco a pouco, nos desprendermos das coisas que tanto nos escravizam na terra.

ORAÇÃO

Nós vos pedimos, ó Deus onipotente, que a intercessão de Santa Edviges nos obtenha a graça de imitar o que nela admiramos, pois a humildade de sua vida serve de exemplo para todos, e concedei-nos também, por sua intercessão, a graça especial que vos pedimos (mencionar a graça). Por Nosso Senhor Jesus Cristo, vosso Filho, na unidade do Espírito Santo. Amém.

(Rezar um Pai-Nosso, uma Ave-Maria, e um Glória ao Pai.)

TERCEIRO DIA

Em nome do Pai e do Filho e do Espírito Santo. Amém.

Vinde, ó Deus, em meu auxílio,
Senhor, socorrei-me, sem demora.
Glória ao Pai e ao Filho e ao Espírito Santo.
Como era no princípio, agora e sempre. Amém.

HINO

Na nobre serva de Cristo
com grande esplendor brilhou
da mulher forte a beleza,
que a Santa Bíblia cantou.

Viveu a fé, a esperança
e a caridade integral,
raiz das obras perfeitas
de puro amor fraternal.

Glória e poder a Deus Pai,
do qual o mundo provém,
a vós, ó Cristo, e ao Espírito,
agora e sempre. Amém.

A CARIDADE

A caridade é a virtude teologal pela qual amamos a Deus sobre todas as coisas, por si mesmo, e a nosso próximo como a nós mesmos, por amor de Deus. Jesus fez da caridade o novo mandamento. Amando os seus até o fim, manifesta o amor do Pai que Ele recebe. Amando-se uns aos outros, os discípulos imitam o amor de Jesus que eles também recebem.

A caridade tem como frutos a alegria, a paz e a misericórdia; exige a beneficência e a correção fraterna; é benevolência; suscita a reciprocidade; é desinteressada e liberal; é amizade e comunhão (*Catecismo da Igreja Católica*, § 1822, 1823 e 1829).

A caridade foi a virtude em que Santa Edviges mais se distinguiu. Amava a Deus sobre todas as coisas, e tudo o que fazia tinha em mira a sua maior glória. Seu amor para com os pobres levou-a a construir um hospital para abrigar os doentes desamparados e ela mesma, pessoalmente, cuidava dos doentes mais abjetos e repugnantes. Chegou a levar vários pobres e famintos a comer à sua própria mesa. Fundou, ainda, um outro hospital para mulheres leprosas em Neumarkt, onde ajudava também, pessoalmente, a servir às leprosas.

É claro que não temos posses para construir hospitais e leprosários, mas alguma coisa a favor dos pobres poderemos fazer, se tivermos boa vontade e caridade bastante, como as teve Edviges.

ORAÇÃO

Nós vos pedimos, ó Deus onipotente, que a intercessão de Santa Edviges nos obtenha a graça de imitar o que nela admiramos, pois a humildade de sua vida serve de exemplo para todos, e concedei-nos também, por sua intercessão, a graça especial que vos pedimos (mencionar a graça). Por Nosso Senhor Jesus Cristo, vosso Filho, na unidade do Espírito Santo. Amém. (Rezar um Pai-Nosso, uma Ave-Maria, um Glória ao Pai.)

QUARTO DIA

Em nome do Pai e do Filho e do Espírito Santo. Amém.

Vinde, ó Deus, em meu auxílio.
Senhor, socorrei-me sem demora.

Glória ao Pai e ao Filho e ao Espírito Santo.
Como era no princípio, agora e sempre. Amém.

HINO

Esta louvável mulher,
por suas obras honrada,
já com os anjos triunfa
pelas virtudes ornada.

Por suas preces movido,
Jesus, salvai os culpados,
e assim a vós louvaremos
de corações renovados.

Glória e poder a Deus Pai,
do qual o mundo provém,
a vós, ó Cristo, e ao Espírito,
agora e sempre. Amém.

HUMILDADE

A humildade é a virtude pela qual reconhecemos sinceramente que por nós mesmos nada podemos fazer de bom, mas somente com a graça e a ajuda de Deus conseguimos operar algum bem. Por isso, dizia Santa Teresa, a humildade é a verdade. É também aquela virtude que não nos deixa colocarmo-nos acima dos outros, mas nos faz antepor o outro a nós mesmos. Esta virtude está intimamente ligada à mansidão, por isto disse Jesus: "Aprendei de mim que sou manso e humilde de coração" (Mt 11,29). Nos Santos Evangelhos, várias vezes, Jesus fala do valor da humildade, e todos os santos a praticaram com muito empenho e heroísmo.

Também Santa Edviges é um modelo perfeito de humildade. Embora duquesa, trajava modestamente, nunca usava jóias e muitas vezes preferia andar descalça, mesmo no mais rigoroso inverno. Tratava até os próprios criados como superiores a si própria. Humilhava-se principalmente diante de Deus, julgando-se indigna das grandes graças dele recebidas.

Aprendamos desta grande santa a não nos colocarmos acima dos outros e a reconhecermos que por nós mesmos somos incapazes de praticar o bem. Assim mereceremos de Deus todas as graças de que temos necessidade.

ORAÇÃO

Nós vos pedimos, ó Deus onipotente, que a intercessão de Santa Edviges nos obtenha a graça de imitar o que nela admiramos, pois a humildade da sua vida serve de exemplo para todos e concedei-nos também, por sua intercessão, a graça especial que vos pedimos (mencionar a graça). Por Nosso Senhor Jesus Cristo, vosso Filho, na unidade do Espírito Santo. Amém. (Rezar um Pai-Nosso, uma Ave-Maria e um Glória ao Pai.)

QUINTO DIA

Em nome do Pai e do Filho e do Espírito Santo. Amém.

Vinde, ó Deus, em meu auxílio,
Senhor, socorrei-me sem demora.

Glória ao Pai e ao Filho e ao Espírito Santo.
Como era no princípio, agora e sempre. Amém.

HINO

Esta louvável mulher,
por suas obras honrada,
já com os anjos triunfa
pelas virtudes ornada.

A Deus orava com lágrimas
e com fiel coração,

entre jejuns e vigílias,
fiel à santa oração.

Honra, poder, majestade
ao Uno e Trino Senhor.
Ouvindo as preces de Edviges,
nos una aos santos no Amor.

PENITÊNCIA

A penitência, além de ser um sacramento – o sacramento da confissão –, é também aquela virtude que nos leva a mortificar o nosso corpo, negando-lhe certos prazeres, mesmo lícitos, mas, sobretudo, mortificando a nossa vontade própria, com a finalidade de oferecer a Deus um sacrifício de suave odor. Não pode ser confundida com o sadismo que procura satisfação no sofrimento próprio ou alheio, o que seria uma aberração. São João Batista pregou a penitência, ou o arrependimento dos pecados, ao povo de Israel, e o mesmo fez Jesus, no início da sua vida pública. Portanto, a penitência é muito importante na vida espiritual de todos os cristãos. Todos os santos, sem exceção, se distinguiram nesta virtude.

Santa Edviges mortificava-se continuamente. Sua comida era, ordinariamente, pão e água com alguns legumes e, muitas vezes, não passava disso. Andava descalça na neve, apesar de ser uma duquesa, a ponto de seus pés ficarem cheios de bolhas. Certa vez alguém a presenteou com um par de sapatos e, encontrando-a descalça, perguntou-lhe onde pusera os sapatos. Ela tirou-os de debaixo do braço, dizendo que sempre os trazia consigo. Estas são as artimanhas dos santos.

Nós não precisamos chegar a esses excessos a que chegaram os santos, mas alguma mortificação podemos fazer muito bem sem chamar a atenção de ninguém, mormente no que se refere à mortificação interior ou à renúncia da vontade própria.

ORAÇÃO

Nós vos pedimos, ó Deus onipotente, que a intercessão de Santa Edviges nos obtenha a graça de imitar o que nela admiramos, pois a humildade da sua vida serve de exemplo para todos, e concedei-nos também, por sua intercessão, a graça especial que vos pedimos (mencionar a graça). Por Nosso Senhor Jesus Cristo, vosso Filho, na unidade do Espírito Santo. Amém. (Rezar um Pai-Nosso, uma Ave-Maria e um Glória ao Pai.)

Sexto dia

Em nome do Pai e do Filho e do Espírito Santo, Amém.

Vinde, ó Deus, em meu auxílio,
Senhor, socorrei-me sem demora.

Glória ao Pai e ao Filho e ao Espírito Santo.
Como era no princípio, agora e sempre. Amém.

HINO

Do mundo a glória pisou,
firmando a mente no bem.
E na perfeita justiça,
dos céus subiu mais além.

Em sua casa ela fez
brilhar as santas ações.
Seu prêmio agora recebe
de Deus nas altas mansões.

Honra, poder, majestade
ao Uno e Trino Senhor.
Ouvindo as preces de Edviges,
nos una aos santos no Amor.

TEMPERANÇA

A temperança é a virtude moral que modera a atração pelos prazeres e procura o equilíbrio no uso dos bens criados. Assegura o domínio da vontade sobre os instintos e mantém os desejos dentro dos limites da honestidade. A pessoa temperante orienta para o bem seus apetites sensíveis, guarda uma santa discrição e não se deixa levar a seguir as paixões do coração. A temperança é muitas vezes louvada no Antigo Testamento: "Não te deixes levar por tuas paixões e refreia os teus desejos" (Eclo 18,30). No Novo Testamento é chamada de "moderação" ou "sobriedade". Devemos "viver com moderação, justiça e piedade neste mundo" (Tt 2,12). (*Catecismo da Igreja Católica*, § 1809).

Na vida de Santa Edviges podemos ver inúmeras atitudes em que a temperança alcança as raias do heroísmo. Tudo o que vimos no item sobre a penitência está, de certa forma, incluído na vida temperante da santa. Mas o que mais se admira é o fato de que, com apenas vinte anos de idade, convence o marido a fazer o voto de castidade perfeita para o resto da vida. Foi, sem dúvida, um ato heróico de altíssima piedade e devoção para ambos, que causa admiração mormente em nossos dias em que o prazer sexual é muitas vezes até "endeusado". Sem dúvida, Deus não exige tal abnegação de todos os casais, mas pede um pouco de moderação. Que Santa Edviges ajude os casais nesta moderação.

ORAÇÃO

Nós vos pedimos, ó Deus onipotente, que a intercessão de Santa Edviges nos obtenha a graça de imitar o que nela admiramos, pois a humildade da sua vida serve de exemplo para todos, e concedei-nos também, por sua intercessão, a graça especial que vos pedimos (mencionar a graça). Por Nosso Senhor Jesus Cristo, vosso Filho, na unidade do Espírito Santo. Amém. (Rezar um Pai-Nosso, uma Ave-Maria e um Glória ao Pai.)

SÉTIMO DIA

Em nome do Pai e do Filho e do Espírito Santo. Amém.

Vinde, ó Deus, em meu auxílio.
Senhor, socorrei-me sem demora.

Glória ao Pai e ao Filho e ao Espírito Santo.
Como era no princípio, agora e sempre. Amém.

HINO

Esta louvável mulher,
por suas obras honrada,
já com os anjos triunfa
pelas virtudes ornada.

A Deus orava com lágrimas
e com fiel coração,
entre jejuns e vigílias,
fiel à santa oração.

Honra, poder, majestade
ao Uno e Trino Senhor.
Ouvindo as preces de Edviges,
nos una aos santos no Amor.

FORTALEZA

A fortaleza é a virtude moral que dá segurança nas dificuldades, firmeza e constância na procura do bem. Ela firma a resolução de resistir às tentações e superar os obstáculos na vida moral. A virtude da fortaleza nos torna capazes de vencer o medo, inclusive da morte, de suportar a provação e as perseguições. Dispõe a pessoa a aceitar até a renúncia e o sacrifício da sua vida para defender uma causa justa. (*Catecismo da Igreja Católica*, § 1808). É também um dos sete dons do Espírito Santo infundido na alma do cristão ao receber o sacramento da crisma.

Como todos os santos, Santa Edviges estava repleta tanto do dom como da virtude da fortaleza e o demonstrou sobretudo nos momentos mais duros de sua vida, quando perdeu seus cinco filhos e o marido. Nestes momentos, sobretudo, demonstrou ser a "mulher forte" elogiada pela Bíblia e pela liturgia. Demonstrou-o igualmente quando teve que apaziguar os dois filhos em sério litígio por causa da herança paterna. Tudo isto exigiu dela uma fortaleza heróica, baseada no espírito de fé e amor a Deus.

Também em nossa vida não faltam circunstâncias em que devamos praticar a virtude da fortaleza, a exemplo da nossa santa, embora talvez não com tanto heroísmo. Nestes momentos, recorramos a Santa Edviges para robustecer a nossa força e a nossa coragem.

ORAÇÃO

Nós vos pedimos, ó Deus onipotente, que a intercessão de Santa Edviges nos obtenha a graça de imitar o que nela admiramos, pois a humildade da sua vida serve de exemplo para todos, e concedei-nos também, por sua intercessão, a graça especial que vos pedimos (mencionar a graça) . Por Nosso Senhor Jesus Cristo, vosso Filho, na unidade do Espírito Santo. Amém. (Rezar um Pai-Nosso, uma Ave-Maria e um Glória ao Pai.)

OITAVO DIA

Em nome do Pai e do Filho e do Espírito Santo. Amém.

Vinde, ó Deus, em meu auxílio.
Senhor, socorrei-me sem demora.

Glória ao Pai e ao Filho e ao Espírito Santo.
Como era no princípio, agora e sempre. Amém.

HINO

Do mundo a glória pisou,
firmando a mente no bem.
E na perfeita justiça,
lá dos céus subiu além.

Em sua casa ela fez
brilhar as santas ações.
Seu prêmio agora recebe
de Deus nas altas mansões.

Honra, poder, majestade
ao Uno e Trino Senhor.
Ouvindo as preces de Edviges,
nos una aos santos no Amor.

PIEDADE

A piedade é o dom do Espírito Santo que dá ao homem o amor e o respeito às coisas religiosas, levando-o à oração e aos exercícios de piedade e às obras de caridade corporais e espirituais. A verdadeira piedade não leva ao desleixo das obrigações urgentes do estado de vida abraçado, para ficar o dia inteiro na igreja, descuidando das coisas do lar ou dos deveres de Estado.

Assim, São Paulo chega a dizer que a piedade é útil para tudo. Por meio da piedade mantemos um contato contínuo com Deus na oração, mas sem pieguice nem esquisitices que mais incomodam os outros do que edificam. A verdadeira piedade sempre edifica e move o próximo à imitação.

Santa Edviges era dotada do mais profundo grau da verdadeira piedade que a todos edificava. Suas devoções prediletas eram a meditação da Paixão de Cristo e, conseqüentemente, a devoção à Santa Missa e à Eucaristia, bem como uma terna devoção a Nossa Senhora.

Após o falecimento do marido, entrou para o convento onde sua filha Gertrudes era abadessa e ali viveu até à morte, numa piedade que edificava a todas as monjas, sem contudo deixar de exercer as obras de misericórdia que praticou para com os pobres, órfãos, viúvas e doentes.

Neste ponto, temos muito que aprender com a nossa santa, nós que, muitas vezes, somos preguiçosos em cumprir os nossos deveres para com Deus e para com a Santa Igreja, chegando mesmo a faltar à Santa Missa, sem nenhum escrúpulo, por motivos nada justificáveis, deixando assim de receber as graças especiais que o Senhor tem preparadas para nós.

ORAÇÃO

Nós vos pedimos, ó Deus onipotente, que a intercessão de Santa Edviges nos obtenha a graça de imitar o que nela admiramos, pois a humildade da sua vida serve de exemplo para to-

dos, e concedei-nos também, por sua intercessão, a graça especial que vos pedimos (mencionar a graça). Por Nosso Senhor Jesus Cristo, vosso Filho, na unidade do Espírito Santo. Amém.
(Rezar um Pai-Nosso, uma Ave-Maria e um Glória ao Pai.)

NONO DIA

Em nome do Pai e do Filho e do Espírito Santo. Amém
Vinde, ó Deus, em meu auxílio.
Senhor, socorrei-me sem demora.

Glória ao Pai e ao Filho e ao Espírito Santo.
Como era no princípio, agora e sempre. Amém.

HINO

Vós chamais e os chamados acorrem,
deixam tudo ao fulgor desta luz,
e vos seguem, em busca do Pai,
pelos régios caminhos da cruz.

Esta Santa, com todas as forças,
quis a vós se unir pelo amor.
Da virtude as mais altas montanhas
procurou escalar com ardor.

A Deus Pai, e a Jesus, Cristo Rei,
e ao Espírito perene louvor.
Cem por um dais, ó Deus, para o pobre
que deu pouco, porém com amor.

POBREZA

A pobreza é um dos três votos que os religiosos emitem e todos os santos praticaram, principalmente depois que São Francisco abraçou-a como sua esposa. É um dos três "conselhos evangélicos" praticados na Santa Igreja, ao lado da "obediência" e da "castidade", cujo simbolismo podemos observar nos três nós do cordão usado pelos franciscanos. É também uma virtude levada muito a sério pelos religiosos na Santa Igreja, em todas as ordens e congregações tanto masculinas como femininas. Muitos santos e santas, mesmo sem abraçar a vida conventual, distinguiram-se nesta virtude da pobreza, que consiste, sobretudo, no desprendimento das coisas materiais e no desapego das riquezas e das comodidades da vida. É uma virtude que foi praticada com todo o rigor por Jesus e Maria, como podemos observar nos Santos Evangelhos, e que comovia São Francisco até às lágrimas, e o moveu a abraçá-la por esposa.

Como não podia deixar de ser, também Santa Edviges distinguiu-se nesta virtude, de maneira impressionante. O emprego de seu dote de casamento em obras de misericórdia, sem reservar absolutamente nada para si, impressiona a qualquer um, e é um exemplo de desprendimento total das riquezas. Já vimos como a santa era desprendida das riquezas no seu modo de trajar, chegando mesmo a andar descalça. Tudo isto deve mexer com o nosso interior, ao considerar o nosso apego às coisas deste mundo. Peçamos à santa que nos ajude a desprender-nos ao menos um pouco das vaidades e riquezas deste mundo.

ORAÇÃO

Nós vos pedimos, ó Deus onipotente, que a intercessão de Santa Edviges nos obtenha a graça de imitar o que nela admiramos, pois a humildade da sua vida serve de exemplo para todos, e concedei-nos também, por sua intercessão, a graça especial que vos pedimos (mencionar a graça). Por Nosso Senhor Jesus Cristo, vosso Filho, na unidade do Espírito Santo. Amém. (Rezar um Pai-Nosso, uma Ave-Maria e um Glória ao Pai.)

Conecte-se conosco:

f facebook.com/editoravozes

◎ @editoravozes

𝕏 @editora_vozes

▶ youtube.com/editoravozes

◯ +55 24 2233-9033

www.vozes.com.br

Conheça nossas lojas:
www.livrariavozes.com.br

Belo Horizonte – Brasília – Campinas – Cuiabá – Curitiba
Fortaleza – Juiz de Fora – Petrópolis – Recife – São Paulo

  Vozes de Bolso

EDITORA VOZES LTDA.
Rua Frei Luís, 100 – Centro – Cep 25689-900 – Petrópolis, RJ
Tel.: (24) 2233-9000 – E-mail: vendas@vozes.com.br